„Falsches Hirn"
und „etwas Fett"

Ein Kochbuch aus der schlechten Zeit

1948 herausgegeben von der Genossenschaftlichen
Frauenorganisation Österreichs

Neuauflage 2017 durch die Heinrich-Kaufmann-Stiftung, Hamburg und den Forschungsverein Entwicklung und Geschichte der Konsumgenossenschaften (FGK), Wien

Erstauflage 1948 durch die Hauswirtschaftliche Beratungsstelle der Genossenschaftlichen Frauenorganisation Österreichs des „Konsumverbandes", Zentralverband der österreichischen Konsumgenossenschaften, erschienen im Regenbogen-Verlag, Wien

Satz und Layout:
Silke Wolf, grafik@hamburg.de

Herstellung und Verlag: BoD - Books on Demand,

Norderstedt 2017

ISBN: 9783-7431-3415-7

Vorwort

Die Heinrich-Kaufmann-Stiftung als Einrichtung des Zentralverbandes deutscher Konsumgenossenschaften und der österreichische Forschungsverein Entwicklung und Geschichte der Konsumgenossenschaften (FGK) geben diese Neuauflage eines „Kochbuchs aus der schlechten Zeit" heraus, um daran zu erinnern, welche großen Leistungen die Konsumgenossenschaften nach dem Zusammenbruch des NS-Regimes 1945 erbracht haben, um die Versorgung der hungernden Bevölkerung sicherzustellen. Dazu gehörte auch die Publikation von einfachen Kochrezepten durch den hauswirtschaftlichen Beratungsdienst, nach denen man mit den wenigen Rohstoffen, die man im Geschäft oder auf dem Markt kaufen konnte oder die im eigenen Garten wuchsen, schmackhafte und nahrhafte Speisen zubereiten konnte.

Diese Rezeptsammlung ist in gewissem Sinne sehr modern, denn sie spiegelt Prinzipien, wie sie heute wieder hochgehalten werden, etwa von der Slow-Food-Bewegung: Die Speisen sollen den regionalen Traditionen entsprechen, die Rohstoffe sollen frisch sein und aus der Region stammen, also nicht weit transportiert sein, und sie sollen der Jahreszeit entsprechen, also nicht aufwendig konserviert sein. Darum ist dieses kleine Kochbüchlein durchaus praxistauglich und keineswegs nur ein Objekt der Nostalgie.

Hier ist die Gelegenheit, an vier Konsumgenossenschafter zu erinnern, die sich damals in besonderer Weise um die Volksernährung verdient gemacht haben. Da ist der Hamburger Henry Everling, der von der britischen Militärregierung als Generaldirektor für die ehemaligen KONSUM-Betriebe eingesetzt wurde und zielstrebig daran ging, den Fischfang zu organisieren, um den Fleischmangel durch Fisch auszugleichen, und der mit Mitte siebzig die seinerzeit größte deutsche Fischfangflotte schuf, die Gemeinwirtschaftliche Hochseefischerei-Gesellschaft (GHG). Und da sind in Österreich Andreas Korp und Otto Sagmeister. Sagmeister war von Anfang 1947 bis Ende 1949 Bundesminister für Volksernährung und danach Direktor der größten österreichischen Konsumgenossenschaft, der Konsumgenossenschaft Wien und Umgebung (KGW). Korp war Direktor der GÖC, der

Großeinkaufsgesellschaft österreichischer Consumvereine, 1952 und 1953 war er Staatssekretär für Ernährungs- und Preisfragen und danach bis 1963 Generaldirektor der GÖC. Beide haben maßgeblich für die Sicherung der Lebensmittelversorgung gewirkt. Dank sagen wir auch William P. Watkins, der sich als Beauftragter der britischen Militärregierung sowohl in Deutschland als auch in Österreich mit großem Einsatz um den Wiederaufbau der von den Nazis zerstörten Konsumgenossenschaften gekümmert hat. Nicht vergessen sind die Spenden von Lebensmittelkonserven durch die britischen Konsumgenossenschaften, die an die Konsum-Mitglieder verteilt werden konnten, die in freiwilligen Sonntagseinsätzen bei der Enttrümmerung der im Krieg zerstörten Konsum-Läden halfen.

Jan Wiedey,
Forschungsverein Entwicklung und Geschichte
der Konsumgenossenschaften (FGK), Wien

Dr. Burchard Bösche,
Heinrich-Kaufmann-Stiftung, Hamburg

Glossar

1 dkg	10g
Abtreibe	Butter schaumig rühren und Zutaten beifügen
Dampfl	mit Hefe angesetzte kleine Teigmenge, Vorteig
Dunst	heißes Wasser, Dampf
Einbrenn	Mehlschwitze
Erdäpfel	Kartoffeln
Flecke	frische, geschnittene Nudelstücke
faschieren	durchdrehen, fein hacken
Faschiertes	Hackfleisch
Germ	Hefe
Häuptelsalat	Kopfsalat
Karfiol	Blumenkohl
Kipferln	Hörnchen
Liwanzen	beidseitig gebackene Hefeplätzchen
Marillen	Aprikosen
Nockerln	kleine Teigklöße
Palatschinken	Pfannkuchen
Paradeiser	Tomaten
passieren	durch ein Sieb streichen
Powidl	Pflaumenmus
Ribisel	Johannisbeeren
Schwämme	Pilze
Striezel	kleines, längliches Hefegebäck
Weichseln	Sauerkirschen
Weitling	große Schüssel

626.

10

Zeitgemäße Kochrezepte

„KONSUMVERBAND"
Zentralverband der österreichischen Konsumgenossenschaften
Wien VI, Theobaldgasse 19

ZEITGEMÄSSE KOCHREZEPTE

Genossenschaftliche Frauenorganisation Österreichs

Hauswirtschaftliche Beratungsstelle

Liebe Genossenschafterin!
Liebe Hausfrau!

Noch immer ist Ihr Beruf einer der schwierigsten und verantwortungsvollsten. Noch immer müssen Sie mit verhältnismäßig wenig Kalorien Ihre Familie versorgen und noch immer beschäftigt Sie daher sicherlich sehr oft der Gedanke, wie Sie das Wenige möglichst vorteilhaft verwenden können.

Die Konsumgenossenschaften, für die das oberste Gesetz ihrer Tätigkeit der Dienst an den Konsumenten ist, bemühen sich, vor allem der Hausfrau auf den verschiedensten Gebieten zu helfen.

So hat nun die hauswirtschaftliche Beratungsstelle des Konsumverbandes ein kleines Kochbuch für Sie zusammengestellt, aus dem Sie die bestmöglichen Zubereitungsarten der Waren, die Ihnen derzeit zur Verfügung stehen, entnehmen können. Sie finden in dem Kochbuch nicht nur ausführliche erprobte Rezepte von Suppen, Suppeneinlagen, Gemüsen, Salaten, Fleisch- und Mehlspeisen, sondern auch Torten, Bäckereien, Marmeladen, Kompotten und Fruchtsäften.

Wir hoffen sehr, daß es Ihnen möglich ist, durch die Hilfe dieses kleinen Büchleins eine Reihe guter Mahlzeiten herzustellen und so Ihrer Familie und Ihnen selbst eine abwechslungsreichere, schmackhafte Kost und damit Genuß und Freude zu bereiten.

Suppen

Spinatsuppe

Z u t a t e n : ¼ kg Spinat, 4 Eßlöffel Haferflocken, etwas Fett, Zwiebel, Salz, Pfeffer, 1¾ Liter Wasser oder Gemüsesud.

Z u b e r e i t u n g : In etwas Fett läßt man feingehackte Zwiebel und Haferflocken anrösten, gießt mit Wasser oder Gemüsesud auf, würzt mit Salz und Pfeffer und läßt die Suppe langsam aufkochen. Zuletzt gibt man den gekochten, feingehackten Spinat hinein und läßt die Suppe noch etwas am Herdrand ziehen.

Brotsuppe

Z u t a t e n : 25 dkg Brot, 1½ Liter Wasser, Salz, Kümmel, Fett, grüne Petersilie, etwas Knoblauch, Hefeflocken.

Z u b e r e i t u n g : Das in Scheiben geschnittene Brot kocht man in Salzwasser mit etwas Kümmel auf und passiert es. Die Suppe läßt man nochmals aufkochen und gibt zur Geschmacksverbesserung in Fett angeröstete Hefeflocken und feingehackte grüne Petersilie dazu.

Passierte Karottensuppe

Z u t a t e n : 25 dkg Karotten, 2 bis 3 mittlere Erdäpfel, 1 bis 2 Löffel Paradeismark oder 2 bis 3 Paradeiser, etwas Fett, Mehl, Salz, Pfeffer, 1½ Liter Wasser.

Z u b e r e i t u n g : Die kleingeschnittenen Karotten werden mit den würfelig geschnittenen Erdäpfeln weichgekocht, abgeseiht und passiert. Inzwischen stellt man aus Fett und Mehl eine lichte Einbrenn her, gießt mit dem Gemüsesud auf, gibt die passierten Karotten sowie das Paradeismark dazu und läßt die Suppe gut verkochen. Zur Geschmacksverbesserung geben wir Salz, Pfeffer und feingehackte grüne Petersilie.

Karfiolblättersuppe

Z u t a t e n: Karfiolblätter, 2 bis 3 Erdäpfel, Suppengemüse, 2 bis 3 Eßlöffel Hefeflocken oder feingeriebene Haferflocken, grüne Petersilie, Salz und Pfeffer, etwas Fett.

Z u b e r e i t u n g: Die zerkleinerten Karfiolblätter werden in Salzwasser halbweich gedünstet. Nun gibt man kleinwürfelig geschnittenes Suppengemüse sowie Erdäpfel dazu und läßt alles zusammen weichdünsten. Die Suppe wird passiert, mit dem Gemüsesud aufgegossen, aufgekocht und mit den in Fett gerösteten Hefe- oder Haferflocken verbessert.

Falsche Rindsuppe

Z u t a t e n: Karotten, Petersilie, Sellerie, Zwiebel, 2 bis 3 Paradeiser, Fett, Salz, 1 bis 2 Suppenwürfel, 10 bis 15 dkg Teigwaren, Schnittlauch oder grüne Petersilie.

Z u b e r e i t u n g: In etwas Fett läßt man das kleingeschnittene Gemüse anrösten, gießt mit etwas Wasser auf und läßt es weichdünsten. Mit Wasser oder Gemüsesud aufgießen, die Suppenwürfel dazugeben, die Suppe zum Kochen bringen und schließlich die Teigwaren einkochen.

Falsche Leberknödel

Z u t a t e n: 2 Schneidsemmeln, 5 dkg Hefeflocken, 3 dkg Mehl, 3 dkg Grieß, 1 Ei, etwas geröstete Zwiebel, feingehackte Petersilie, etwas Knoblauch, Pfeffer, Salz.

Z u b e r e i t u n g: Die eingeweichten Semmeln werden ausgedrückt, mit dem Mehl, den gerösteten Hefeflocken, dem Zwiebel, Grieß und Ei vermengt, Knoblauch, Salz und Pfeffer dazugegeben und aus dieser Masse kleine Knöderln geformt. In eine Rind- oder Einmachsuppe einkochen.

Haferflockennockerln

Z u t a t e n: 4 dkg Haferflocken, 2 dkg Mehl, etwas geröstete Zwiebel, Fett, grüne Petersilie, Salz, 1 Ei, etwas Wasser.

Z u b e r e i t u n g: Die feingehackte Zwiebel läßt man in etwas Fett anlaufen, gibt die Haferflocken dazu und läßt sie unter Zusatz von ganz wenig Wasser dämpfen. Nach dem Auskühlen wird das Mehl, die feingehackte grüne Petersilie, Salz und Ei dazugegeben, sehr gut abgeschlagen, mit einem Löffel kleine Nockerln abgestochen und in die kochende Suppe eingelegt.

Semmelbröselknöderln

Z u t a t e n: 1 Schneidsemmel, 2 bis 3 Eßlöffel Semmelbrösel, 1 Ei, Fett, Salz, grüne Petersilie.

Z u b e r e i t u n g: Fett und Ei werden schaumig gerührt, die eingeweichte, fest ausgedrückte Semmel, Brösel und Petersilie dazugegeben und die Masse etwas stehen gelassen. Kleine Knöderln daraus formen und in die Suppe einkochen.

Spinatpalatschinken

Zutaten: 15 dkg Mehl, ¼ Liter Wasser oder Milch, 1 Ei, Fett zum Ausbacken.

Fülle: Geröstete Zwiebel, ¼ kg Spinat, Salz, Pfeffer.

Zubereitung: Aus den angegebenen Zutaten wird ein Palatschinkenteig hergestellt, Palatschinken in Fett herausgebacken und mit Spinatfülle versehen.

Zur Fülle vermengen wir in Fett angeröstete Zwiebel mit dem gekochten, feingehackten Spinat. Salz und Pfeffer.

Spinatnockerln

Zutaten: 40 dkg Mehl, 1 Ei, 20 dkg roher, feingehackter Spinat, Salz, etwas Wasser, etwas Grieß oder Semmelbrösel, Fett.

Zubereitung: Das gesalzene Mehl wird mit dem Ei und Wasser zu einem Nockerlteig abgeschlagen, der feingehackte rohe Spinat untermengt, Nockerln davon ausgestochen und dieselben im Salzwasser gekocht. Die Nockerln werden mit geröstetem Grieß oder Semmelbröseln bestreut und mit Salat zu Tisch gebracht. Statt Spinat kann auch Kochsalat verwendet werden.

Spinatlivanzen

Zutaten: ¾ kg Spinat, etwas Fett, 3 bis 4 Eßlöffel Mehl, 2 Eier, Pfeffer, Salz (5 dkg Wurst).

Zubereitung: Das Mehl läßt man in etwas Fett anrösten, gibt den gekochten, feingehackten Spinat dazu, gießt mit ganz wenig Gemüsewasser auf und läßt ihn dicklich kochen. Nach dem Auskühlen mengen wir 2 abgetriebene Eidotter sowie den Schnee

von 2 Eiklar darunter, salzen, pfeffern und backen in einer gut
ausgefetteten Form Livanzen daraus. (Man kann auch kleinwürfelig geschnittene Wurst daruntermengen.)

Kohlschnitzel

Z u t a t e n: 1 Kohlkopf, etwas Fett und Mehl, Semmelbrösel oder
Haferflocken, geröstete Zwiebel, Knoblauch, 1 Ei, Salz.

Z u b e r e i t u n g: Der zerkleinerte Kohlkopf wird in etwas Salzwasser weichgekocht und dann faschiert. Inzwischen bereiten wir
mit etwas Fett und Mehl eine helle Einbrenn, gießen mit ganz
wenig Gemüsesud auf, geben den faschierten Kohl dazu und lassen
das ganze aufkochen. Nach dem Erkalten mengen wir die gerösteten Zwiebeln, das Ei und je nach der Festigkeit etwas Haferflocken oder Semmelbrösel darunter, formen Laibchen daraus, die,
recht flach gedrückt, in Fett herausgebacken werden.

Gebackener Sellerie

Z u t a t e n: 2 bis 3 Sellerieknollen, 1 Ei, etwas Mehl, Semmelbrösel, Salz.

Z u b e r e i t u n g: Die sauber geputzten Sellerieknollen werden
kurz in Salzwasser gekocht, nach dem Auskühlen in Scheiben geschnitten, in Mehl gedreht, in Ei und Brösel paniert und in Fett
gebacken. Für diese Zubereitungsart eignet sich auch Schwarzwurzel.

Krautlaibchen

Z u t a t e n: 1 kg Kraut oder Sauerkraut, Zwiebel, Fett, grüne
Petersilie, Salz, Kümmel, Semmelbrösel, etwas Mehl. (15 dkg faschiertes Fleisch oder Wurst.)

Z u b e r e i t u n g: Die feingehackte Zwiebel wird mit etwas Fett
angeröstet, das kleingeschnittene Kraut, Salz und Kümmel dazugegeben und mit ganz wenig Wasser weichgedünstet. Nachher wird
die Flüssigkeit abgeseiht und das Kraut mit den Semmelbröseln, der
grünen Petersilie und dem faschierten Fleisch oder der Wurst vermengt und fest abgearbeitet. Aus dieser Masse werden Laibchen
geformt, die in etwas Mehl gedreht und in Fett herausgebacken
werden.

Gemüsegulasch

Zutaten: 1 Rose Karfiol, 2 bis 3 Karotten, etwas Sellerie, 3 bis 4 Erdäpfel, etwas Fett, Mehl, Zwiebel, Salz und Pfeffer.

Zubereitung: In etwas Fett wird die Zwiebel sowie das klein geschnittene Gemüse angeröstet, mit etwas Wasser aufgegossen und halbweich gedünstet. Nun geben wir die würfelig geschnittenen Erdäpfel dazu und dünsten fertig. Aus Fett und Mehl stellen wir eine lichte Einbrenn her, geben das Gemüse sowie die in Salzwasser weichgekochten Karfiolrosen dazu, gießen mit Gemüsesud auf, schmecken mit Salz und Pfeffer ab und lassen nochmals gut aufkochen.

Kohlpudding

Zutaten: 1 Kohlkopf, 2 Semmeln, 1 Ei, Salz, Pfeffer, etwas Wurst, Haferflocken oder Semmelbrösel, etwas Fett.

Zubereitung: Der Kohl wird in etwas Salzwasser weichgedünstet und nach dem Abtropfen durch die Fleischmaschine getrieben, mit den eingeweichten und gut ausgedrückten Semmeln vermengt, Salz und Pfeffer, die kleingeschnittene Wurst sowie 1 Dotter dazugegeben und mit dem Schnee von einem Eiklar verrührt. Eine ausgefettete Puddingform bestreuen wir mit Semmelbröseln oder gerösteten Haferflocken, füllen die Masse ein und kochen den Pudding ungefähr 1 Stunde im Wasserbad.

Wie Kohl kann auch jedes andere Gemüse Verwendung finden.

Gekochter Erdäpfelstrudel mit Gemüsefülle

Zutaten: 23 dkg gekochte, geriebene Erdäpfel, 25 dkg Mehl, Salz, Zwiebel, etwas Fett und Brösel, gedünstetes Gemüse (Spinat, Kohl, grüne Erbsen).

Zubereitung: Die gekochten, geriebenen Erdäpfel werden mit Mehl und Salz zu einem Teig verarbeitet. Dieser wird ausgerollt, mit gerösteter Zwiebel und gedünstetem Gemüse bestrichen, mit Bröseln bestreut und zu einem Strudel zusammengerollt, welcher in einer Serviette in Salzwasser gekocht wird. In Scheiben geschnitten, wird der Strudel mit Spinat oder Salat serviert.

Sauerkrautsalat

Z u t a t e n: 1 kg rohes Sauerkraut, etwas feingehackte Zwiebel, Öl, Kümmel und Salz, eventuell etwas Essig.

Z u b e r e i t u n g: Rohes Sauerkraut wird ganz kurz gewaschen, damit es nicht zu scharf ist, mit feingehackter Zwiebel, ganz wenig Zucker, wenn nötig etwas Salz, einigen Tropfen Essig und Öl zu Salat bereitet.

Vitaminsalat

Z u t a t e n: 2 Karotten, 1 Sellerie, $\frac{1}{2}$ kleinerer Krautkopf, $\frac{1}{8}$ kg grüne Erbsen, 1 Häuptel Salat, etwas grüne Petersilie, Zwiebel, Salz, Pfeffer, Essig und Öl.

Z u b e r e i t u n g: Das Gemüse wird klein geschnitten und weichgedünstet, dann abgeseiht miteinander vermengt, der geputzte, gewaschene Häuptelsalat dazugegeben und das ganze mit feingehackter Zwiebel, Salz, Essig und Öl angerichtet. Dieser Salat kann auch mit Mayonnaise zu Tisch gebracht werden.

Falsche Mayonnaise

Z u t a t e n: $\frac{1}{2}$ Wasserglas Kondensmilch, 3 Eßlöffel Essig, 1 Eßlöffel Zucker, 1 Eßlöffel Senf, Salz, Pfeffer, 1 Eidotter, etwas Öl.

Z u b e r e i t u n g: Der Dotter wird gut abgetrieben, mit dem Öl, Senf und Zucker vermengt, der Essig und zuletzt die Milch dazugegeben.

Spinat als Salat zubereitet

Z u t a t e n: $\frac{1}{2}$ kg junger Spinat, Salz, Essig, Öl.

Z u b e r e i t u n g: Der frische, junge Spinat wird geputzt, gewaschen und mit Salz, Essig und Öl wie Häuptelsalat zubereitet.

Roher Kohlrabisalat

Z u t a t e n: 2 bis 3 junge Kohlrabi, 4 bis 5 junge Karotten,
1 Häuptel Salat, Salz, Essig, etwas Öl.

Z u b e r e i t u n g: Kohlrabi und Karotten werden geputzt, blättrig geschnitten und roh mit Salz, etwas Essig und Öl angerichtet.
Zuletzt wird der Häuptelsalat dazugegeben.

Obstsalat

Z u t a t e n: ½ kg Äpfel, ½ kg Birnen, Zucker, Zitronensaft.

Z u b e r e i t u n g: Äpfel und Birnen werden ganz feinnudelig
geschnitten, mit Zucker bestreut und mit Zitronensaft betropft.

Süß-saurer Kürbissalat

Z u t a t e n: 1 kg Kürbis, etwas Essig, 2 bis 3 Zitronenscheiben,
Zucker nach Geschmack.

Z u b e r e i t u n g: Der Kürbis wird kleinwürfelig geschnitten, mit
dem Zucker vermengt, mit dem aufgekochten heißen Essig übergossen, die Zitronenschalen dazugegeben. Zugedeckt ziehen lassen.

Gebackene Wursterdäpfel

Zutaten: 4 große, rohe Erdäpfel, 5 gekochte, geriebene Erdäpfel, 12 dkg Wurst, Milch nach Bedarf, Salz, grüne Petersilie, etwas Fett, geröstete Zwiebel.

Zubereitung: Die rohen Erdäpfel werden auf dem Reibeisen fein gerieben und ausgedrückt. Die gekochten, geriebenen Erdäpfel werden mit den rohen vermengt, gesalzen, etwas geröstete Zwiebel, grüne Petersilie und soviel Milch dazugegeben, daß eine streichfähige Masse entsteht. Zuletzt fügen wir die würfelig geschnittene Wurst darunter, streichen die Masse nicht zu hoch in eine befettete Pfanne und backen sie im Rohr goldgelb.

Fleischgefüllte Erdäpfelscheiben

Zutaten: 18 dkg gekochte, geriebene Erdäpfel, 20 dkg Mehl, 10 dkg faschiertes Fleisch oder Wurst, 1 kleine Essiggurke, etwas Schnittlauch oder grüne Petersilie, Salz, Pfeffer, 1 Teelöffel Senf.

Zubereitung: Aus den gekochten, geriebenen Erdäpfeln, dem Mehl und etwas Salz bereiten wir einen Teig, den wir so lange abarbeiten, bis er glatt ist. Auf dem bemehlten Brett rollen wir den Teig fingerdick aus, stechen mit einer Form Scheiben daraus, füllen die Hälfte derselben mit Fleischfülle, geben die zweite Hälfte darüber, drücken die Ränder fest zusammen und backen sie auf dem Blech in gut ausgehitztem Rohr.

Fülle: Das Fleisch oder die Wurst wird faschiert und in etwas Fett überröstet. Nun mengen wir feingehackte grüne Petersilie, den Senf sowie die kleinwürfelig geschnittene Gurke darunter und verrühren alles recht gut.

Die Erdäpfelscheiben reichen wir am besten mit gedünstetem Sauerkraut oder Krautsalat.

Kohlkuchen mit Konservenfleisch

Z u t a t e n: 1 großer Kohlkopf, ½ kg gekochte, geriebene Erdäpfel, 1 Zwiebel, etwas Fett, Salz, Pfeffer, 4 Eßlöffel Semmelbrösel, 25 dkg Konservenfleisch.

Z u b e r e i t u n g: Der Kohlkopf wird gedünstet, abgeseiht und fein gehackt oder faschiert, mit den geriebenen, gekochten Erdäpfeln, mit der gerösteten Zwiebel, dem Konservenfleisch, Semmelbröseln sowie Salz und Pfeffer vermischt, in eine befettete, ausgebröselte Form eingefüllt und ungefähr 40 Minuten gebacken. Statt Kohl kann auch Spinat verwendet werden.

Gefüllte Paradeiser

Z u t a t e n: 25 dkg Konservenfleisch oder faschiertes Fleisch, 8 bis 10 große Paradeiser, Zwiebel, Fett, 1 Semmel, 1 Löffel Haferflocken, grüne Petersilie.

Z u b e r e i t u n g: Die festen Paradeiser werden ausgehöhlt, mit der Fleischfülle ausgefüllt und dann in einer befetteten Kasserolle nebeneinander eingeschichtet und im Rohr überbacken.

F ü l l e: Die Zwiebel wird in etwas Fett angeröstet und das Fleisch darinnen überdünstet. Nun geben wir eine eingeweichte, ausgedrückte Semmel, grüne Petersilie und etwas Haferflocken dazu.

Falsches Hirn

Z u t a t e n: 20 dkg Pferdefleischkonserven, 2 bis 3 Eßlöffel Haferflocken, Zwiebel, Fett, Salz, Pfeffer, 1 Ei.

Z u b e r e i t u n g: Die feingehackte Zwiebel wird in etwas Fett geröstet, das zerkleinerte Konservenfleisch dazugegeben und gut angeröstet. Nun streuen wir die Haferflocken darunter und schlagen zuletzt das Ei dazu. Mit Salz und Pfeffer oder Paprika würzen.

Fleischtascherln

Z u t a t e n: ¼ kg Mehl, 1 Ei, 2 Semmeln, 15 bis 20 dkg Konservenfleisch, Pfeffer oder Paprika, Salz, grüne Petersilie.

Z u b e r e i t u n g: Aus dem Mehl, dem Ei und etwas Flüssigkeit wird ein Nudelteig hergestellt, den man kurze Zeit rasten läßt. Der

Teig wird ausgerollt, mit der Fleischfülle bestrichen, eingerollt und mit dem Kochlöffel werden 3 bis 4 fingerdicke Tascherln abgedrückt, die beiderseits fest zusammengezwickt werden. In Salzwasser ungefähr 20 Minuten kochen lassen und mit Semmelbröseln bestreut zu Tisch bringen.

F ü l l e : Die Semmeln werden eingeweicht und mit dem in etwas Fett überdünsteten Konservenfleisch, Salz, Pfeffer und Paprika vermengt.

Semmelschnitten mit Konservenfleisch

Z u t a t e n : 25 dkg Konservenfleisch, 5 Schneidsemmeln, Fett, Pfeffer, Salz, Zwiebel, grüne Petersilie.

Z u b e r e i t u n g : Die Semmeln werden zu Scheiben geschnitten, mit Fleischfülle bestrichen und obenauf wieder eine Semmelscheibe gegeben. In einer Pfanne lassen wir etwas Fett zergehen, schichten die gefüllten Semmelschnitten hinein, betropfen mit etwas Fett, bestreuen mit gehackter Petersilie und backen die Semmelschnitten im Rohr knusprig.

F ü l l e : Das Fleisch wird in Fett mit etwas feingehackter Zwiebel angeröstet, Salz, Pfeffer und grüne Petersilie dazugegeben.

Zu den Semmelschnitten reichen wir am besten Leber- oder Paradeissoße. Wir können die Schnitten aber auch mit gerösteter Leber oder gedünsteten Schwämmen füllen.

Falsche Lebersoße

Z u t a t e n : 1 Zwiebel, etwas Fett, 1 Suppenwürfel, 3 bis 4 Eßlöffel Hefeflocken, Salz, etwas Wasser, Knoblauch.

Z u b e r e i t u n g : Die feingehackte Zwiebel in etwas Fett goldgelb anrösten, mit den Hefeflocken stauben, salzen und mit wenig Wasser, in welchem der Suppenwürfel aufgekocht wurde, aufgießen. Etwas fein zerdrückten Knoblauch dazugeben und am Herdrand langsam aufkochen lassen.

Haferflockenauflauf mit Germ

Z u t a t e n: 25 dkg Haferflocken, 4 Semmeln, 2 dkg Germ, 8 bis 10 dkg Zucker, Zitronenschale, 1/2 Liter Milch oder Wasser, etwas Marmelade.

Z u b e r e i t u n g: Die Haferflocken werden mit der gezuckerten Milch übergossen und die Germ eingebröselt. Nach dem Aufgehen geben wir die eingeweichten, fest ausgedrückten Semmeln und Zitronenschale darunter. In eine gut ausgefettete Pfanne wird die Hälfte der Masse eingeschichtet, mit Marmelade bestrichen oder mit Obst belegt, die zweite Hälfte darübergegeben, nochmals kurz aufgehen gelassen und dann im Rohr ungefähr 1 Stunde gebacken.

Haferflockenauflauf mit Backpulver

Z u t a t e n: 20 dkg Haferflocken, 1 Backpulver, 1/2 Liter Milch, 8 dkg Zucker, 1 Ei, etwas Zitronenschale (Rosinen).

Z u b e r e i t u n g: Die Haferflocken werden in der gesüßten Milch ungefähr 1 Stunde eingeweicht. Dann mengen wir den Eidotter, Zitronenschale, Backpulver und zuletzt den festen Schnee von 1 Eiklar darunter. Wir backen den Auflauf in einer befetteten Pfanne goldgelb. Dazu reichen wir Kompott oder übergießen den Auflauf mit verdünnter Marmelade.

Haferflockenballen

Z u t a t e n: 1 Kaffeeschale Haferflocken, 1 Kaffeeschale Mehl, 1 Schale Milch, etwas Salz, 2 bis 3 Karotten, 4 dkg Zucker.

Z u b e r e i t u n g: Die Haferflocken übergießt man mit der gesüßten Milch und läßt sie aufquellen. Nachher rühren wir das Mehl, die feingeraffelten Karotten und das Salz ein. Mit dem Löffel werden kleine Teigstücke abgestochen, die in einer gut ausgefetteten Pfanne herausgebacken werden. Noch heiß bezuckern oder mit verdünnter Marmelade übergießen.

Die Haferflockenballen können auch ohne Zucker hergestellt und mit Salat serviert werden.

Haferflockenkuchen

Z u t a t e n: 25 dkg Haferflocken, 15 dkg Mehl, Zitronensaft und -schale, 8 dkg Fett, etwas Rum oder Rumaroma, $^1/_4$ Liter Milch, 1 Backpulver, etwas Marmelade.

Z u b e r e i t u n g: Die Haferflocken werden mit dem Fett leicht angeröstet und nach dem Auskühlen mit dem Mehl, der Milch sowie den anderen Zutaten vermengt und gut abgearbeitet. Sollte der Teig zu fest sein, geben wir etwas mehr Milch. Der Teig kommt in eine ausgefettete, mit Bröseln ausgestreute Form und wird bei mäßiger Hitze gebacken. Obenauf mit Marmelade bestreichen und in kleine Vierecke schneiden.

Kirschen- und Zwetschkenknödel

Z u t a t e n: $^1/_2$ Liter Wasser, $^1/_2$ kg Mehl, wenig Fett, Salz, Kirschen oder Zwetschken zur Fülle.

Z u b e r e i t u n g: Das schwach gesalzene Wasser wird zum Kochen gebracht, einige Tropfen Fett dazugegeben, das Mehl in die kochende Flüssigkeit eingerührt und unter ständigem Rühren so lange auf der Herdplatte gelassen, bis sich der Teig vom Kochlöffel löst. Nach dem Überkühlen den Teig ausrollen, mit Kirschen oder Zwetschken belegen, Knödel daraus formen und dieselben in Salzwasser kochen. Mit gerösteten, gezuckerten Semmelbröseln bestreuen.

Powidltascherln aus Semmelteig

Z u t a t e n: 4 bis 5 Schneidsemmeln, Mehl, etwas Salz, (eventuell 1 Ei), Powidl zur Fülle.

Z u b e r e i t u n g: Die Schneidsemmeln werden im Wasser eingeweicht, gut zerdrückt und mit soviel Mehl als sie annehmen zu einem Teig abgearbeitet. Dieser wird ausgerollt, mit kleinen Po-

widlhäufchen belegt und kleine Tascherln daraus geformt, die
in Salzwasser gekocht und mit gerösteten Semmelbröseln serviert
werden.

Dieser Semmelteig läßt sich auch zur Herstellung von Obst-
knödeln verwenden.

Milchnockerln

Z u t a t e n : ³⁄₈ Liter Milch, 35 dkg Mehl, etwas Salz, Fett, Grieß.

Z u b e r e i t u n g : Die schwach gesalzene Milch bringt man zum
Kochen und rührt das Mehl ein. Den Teig am Herdrande unter
ständigem Rühren so lange ziehen lassen, bis er sich vom Gefäß und
Kochlöffel zu lösen beginnt. Nach dem Auskühlen formt man eine
Rolle daraus, schneidet kleine Nockerln davon und kocht dieselben
ungefähr 5 bis 6 Minuten im Salzwasser. Mit in Fett geröstetem,
gesalzenem Grieß bestreuen. Dazu reicht man am besten Salat.

Mürber Erdäpfelstrudel

Z u t a t e n : 20 dkg gekochte, geriebene Erdäpfel, 30 dkg Mehl,
7 dkg Fett, 6 dkg Zucker, etwas Zitronenschale, 1 Backpulver, Marmelade zur Fülle.

Z u b e r e i t u n g : Das mit Backpulver versiebte Mehl wird mit
den Erdäpfeln, Fett, Zucker und etwas Zitronenschale am Brett zu
einem Teig geknetet, ausgerollt, mit Marmelade gefüllt und zu
einem Strudel zusammengerollt. Obenauf mit Ei bestreichen und
auf dem Blech goldgelb backen.

Schneller Germstrudel

Z u t a t e n : 25 dkg Mehl, 6 dkg Fett, 6 dkg zerbröselte Germ,
etwas Milch.

Z u b e r e i t u n g : Mehl und Germ werden abgebröselt, mit dem
Fett und soviel Milch vermengt, daß ein fester Strudelteig entsteht,
der ganz glatt abgearbeitet wird. Der Teig wird, ohne zu rasten,
ausgerollt, mit beliebiger Fülle bestrichen, zusammengerollt und
sofort gebacken.

Germkipferln

Z u t a t e n : 28 dkg Mehl, 7 dkg Fett, (1 Dotter), etwas Salz,
1 dkg Germ, $^1\!/_8$ Liter Milch, etwas Zucker.

Z u b e r e i t u n g : Aus der Milch, der Germ und dem Zucker
wird ein Dampfl angesetzt. In einem Weitling vermengen wir das
gesiebte Mehl, das aufgegangene Dampfl, Dotter und Fett, und
arbeiten den Teig solange ab, bis er Blasen wirft. Der Teig wird in
eine Serviette eingeschlagen und für $^1\!/_2$ Stunde in kaltes Wasser
gelegt. Nunmehr wird der Teig noch einmal abgearbeitet, kurz
rasten gelassen, ausgerollt, in Vierecke geradelt, mit Marmelade,
Mohn oder Nüssen gefüllt, Kipferln daraus geformt, die man auf
dem Blech nochmals aufgehen läßt und bei Mittelhitze bäckt.

Gutes Milchbrot

Z u t a t e n : 38 dkg Mehl, 2 dkg Germ, 5 dkg geröstete Haferflocken oder Nüsse, 1 Ei, 4 dkg Fett, $^1\!/_4$ Liter Milch, 5 dkg Zucker,
1 gekochter, geriebener Erdapfel.

Z u b e r e i t u n g : Aus etwas Milch, Zucker und Germ wird ein
Dampfl hergestellt, welches nach dem Aufgehen mit dem Mehl, dem
zerlassenen Fett, den gerösteten Haferflocken sowie dem gekochten, geriebenen Erdapfel vermengt wird. Den Teig arbeitet
man auf dem Brett sehr gut ab, läßt ihn aufgehen und formt einen
Striezel daraus, den man am Blech nochmals aufgehen läßt und ungefähr 1 Stunde bäckt.

Mohnkuchen

Z u t a t e n : 10 dkg feingeriebener Mohn, 7 dkg Zucker, 10 dkg
Grieß, 10 dkg Mehl, $^3\!/_8$ Liter Milch, etwas Salz, 1 Backpulver, 2 bis
3 Äpfel, etwas Zimt.

Z u b e r e i t u n g : Das mit Backpulver versiebte Mehl wird in
einem Weitling mit dem Grieß, dem geriebenen Mohn, dem Zucker,
der Milch und ganz wenig Salz gut abgearbeitet, in eine befettete,
bemehlte Form gegeben, obenauf mit feingeschnittenen Äpfeln belegt, mit Zimt bestreut und ungefähr eine $^3\!/_4$ Stunde im Rohr gebacken.

Rhabarberkuchen

Z u t a t e n: 30 dkg Mehl, 8 dkg Zucker, 4 dkg Fett, $^1/_8$ Liter
Milch, 1 Backpulver, 1 kg Rhabarber.

Z u b e r e i t u n g: Das mit dem Backpulver vermengte Mehl wird
auf dem Brett mit allen anderen Zutaten zu einem Teig verarbeitet,
ausgerollt, die eine Teighälfte auf ein Blech gelegt, mit feingeschnit-
tenem Rhabarber belegt, mit Zucker bestreut, die zweite Teighälfte darübergegeben und im Rohr bei mäßiger Hitze gebacken.

Semmelscheiben in Tropfteig

Z u t a t e n: 6 Schneidsemmeln, $^1/_2$ Liter Milch, 1 Ei, etwas
Zucker, 2 bis 3 Eßlöffel Mehl, Fett zum Ausbacken.

Z u b e r e i t u n g: Die Semmeln werden blättrig geschnitten und
mit gesüßter Milch übergossen. Inzwischen stellt man aus der rest-
lichen Milch, dem Ei und dem Mehl einen Tropfteig her, dreht
die Semmelscheiben darin und bäckt sie in einer Pfanne in heißem
Fett heraus. Wir bestreuen sie mit Zucker und reichen dazu
Kompott.

Semmelpudding

Z u t a t e n: 7 bis 8 Semmeln, $^1/_2$ Liter Milch, 6 bis 8 dkg Zucker,
geröstete Semmelbrösel, Zitronenschale, Rosinen, Fett, etwas Marmelade oder Fruchtfleisch.

Z u b e r e i t u n g: Die Semmeln werden blättrig geschnitten, mit
der gesüßten Milch übergossen und etwas weichen gelassen. Nun
wird die Semmelmasse leicht ausgedrückt, damit die überflüssige
Milch ablaufen kann und in eine ausgefettete, mit Bröseln ausgestreute Puddingform eingeschichtet. Dazwischen geben wir immer
eine Schichte Kirschen- oder Weichselfleisch oder Marmelade, und
bestreuen die oberste Semmelschicht mit Semmelbröseln oder gerösteten Haferflocken. Die gut verschlossene Puddingform wird ungefähr 45 bis 50 Minuten im Wasserbad gekocht. Nach dem Kochen
den Pudding herausstürzen und mit verdünnter heißer Marmelade
übergießen.

Topfenflecke

Z u t a t e n: 18 dkg passierter Topfen, 14 dkg Mehl, etwas Salz,
5 dkg Zucker, etwas Zitronenschale, 1 bis 2 Eßlöffel Milch, Marmelade zum Füllen.

Z u b e r e i t u n g: Das Mehl wird auf dem Brett mit dem passierten Topfen und den übrigen Zutaten zu einem Teig geknetet, ausgerollt und zu Vierecken ausgeradelt. Diese werden mit Marmelade gefüllt, die Enden zusammengeschlagen und auf dem Blech goldgelb gebacken.

Erdäpfelguglhupf

Z u t a t e n: 8 dkg Fett, 10 dkg Zucker, 1 Dotter, Zitronensaft und -schale, 25 dkg Mehl, 25 dkg Erdäpfel, 1 Backpulver.

Z u b e r e i t u n g: Zucker, Fett und Dotter werden schaumig gerührt, Zitronensaft und -schale, die gekochten geriebenen Erdäpfel sowie das mit Backpulver versiebte Mehl dazugegeben und die Masse in einer ausgefetteten, mit Bröseln ausgestreuten Form gebacken.

Feine Obsttorte

Z u t a t e n: 10 dkg Zucker, 8 dkg Fett, 10 dkg Mehl, 2 Eier, Zitronenschale, $^1/_4$ kg Kirschen oder Zwetschken.

Z u b e r e i t u n g: Zucker, Fett und Eidotter werden sehr schaumig gerührt, das Mehl ganz leicht untermengt, zuletzt der sehr feste Schnee von 2 Eiklar dazugegeben, die Masse in eine befettete, mit Bröseln ausgestreute Form gefüllt und obenauf mit entkernten Kirschen, Weichseln oder Zwetschken belegt. Eine $^3/_4$ Stunde bei Mittelhitze backen.

Marmorierte Torte

Z u t a t e n: 2 Dotter, 7 dkg Fett, 9 dkg Zucker, $^1/_8$ Liter Milch, 1 Backpulver, 22 dkg Mehl, etwas Kakao.

Z u b e r e i t u n g: Dotter, Fett und Zucker werden schaumig gerührt, mit der Milch, mit dem mit Backpulver versiebten Mehl und dem festen Schnee des Eiklar vermengt. $^1/_3$ des Teiges wird mit etwas Kakao gefärbt. Die Hälfte des hellen Teiges kommt in eine Tortenform, dazwischen der dunkle Teig und obenauf wiederum die helle Teighälfte.

Ü b e r g u ß: 10 dkg Zucker, etwas Zitronensaft und -schale werden so lange gerührt, bis die Masse dick und glänzend ist und die Torte damit übergossen.

Erdäpfeltorte

Z u t a t e n: 3 dkg Fett, 15 dkg Mehl, 12 dkg gekochte, geriebene Erdäpfel, 1 Ei, 7 dkg Zucker, etwas Zitronenschale, Marmelade zum Füllen.

Z u b e r e i t u n g: Das Mehl wird mit Backpulver vermischt, mit den gekochten, geriebenen Erdäpfeln und den anderen Zutaten vermengt und recht fest abgearbeitet. Sollte die Masse zu fest sein, gibt man etwas Milch dazu. Wir backen die Torte in einer gut ausgefetteten, mit Mehl ausgestaubten Form. Ausgekühlt schneiden wir die Torte in zwei Teile und füllen sie mit Marmelade.

Haferflockentorte

Z u t a t e n: 1¹/₂ Schalen Mehl, 1¹/₂ Schalen Haferflocken, 1 Ei, 6 dkg Zucker, etwas Milch, Zitronenschale, Vanille- oder Rumgeschmack, 2 dkg Fett, 1 Backpulver, etwas Obst.

Z u b e r e i t u n g: Die Haferflocken werden in Fett angeröstet und nach dem Auskühlen mit den anderen Zutaten vermengt. Zum Schluß wird der feste Schnee von 1 Eiklar leicht eingerührt und die Masse in einer gut ausgefetteten, bemehlten Form bei Mittelhitze gebacken.

Nach dem Backen belegen wir die Torte mit entkernten Früchten, geben darüber einen Schaum von 1 Eiklar Schnee und etwas Zucker und stellen die Torte nochmals für kurze Zeit in das Rohr, bis der Schaum etwas gebräunt ist.

Teestangerln

Z u t a t e n: 28 dkg Mehl, 6 dkg Fett, 8 Eßlöffel Milch, 1 Ei, 8 dkg Zucker, 1 Backpulver.

Z u b e r e i t u n g: Alle angegebenen Zutaten werden am Brett zu einem Teig geknetet, dieser wird ausgerollt, zu Stangerln geradelt, die am Blech hellbraun gebacken werden.

Keks

Z u t a t e n: ¹/₄ kg Mehl, 10 dkg Zucker, 8 dkg Fett, 1 Backpulver, etwas Milch.

Z u b e r e i t u n g: Aus dem mit Backpulver versiebten Mehl, Zucker, Fett und etwas Milch auf dem Brett einen Teig herstellen, ausrollen, Formen ausstechen und in nicht zu heißem Rohr goldgelb backen.

Obstplätzchen

Z u t a t e n: 1 Ei, 4 dkg Fett, 5 dkg Zucker, 12 dkg Mehl, $^1/_2$ Backpulver, etwas Milch, getrocknete Zwetschken, Nüsse, Rosinen.

Z u b e r e i t u n g: Ei, Fett und Zucker werden schaumig gerührt, mit dem Mehl, Backpulver und soviel Milch vermengt, daß ein dünner Teig entsteht. Feingehackte Nüsse, nudelig geschnittene, getrocknete Zwetschken, Rosinen und anderes Dörrobst werden daruntergemengt und mit zwei Löffeln Häufchen auf ein Blech gesetzt. Bei Mittelhitze backen.

Zitronenbusserln

Z u t a t e n: 20 dkg Mehl, 9 dkg Fett, 9 dkg Zucker, Saft und Schale einer Zitrone, 1 Eiklar Schnee.

Z u b e r e i t u n g: Zucker, Fett und Zitronensaft werden schaumig gerührt, das Mehl daruntergemengt und zuletzt der Schnee von 1 Eiklar leicht eingerührt. Auf ein befettetes Blech setzen wir kleine Häufchen und backen bei mäßiger Hitze.

Zitronenbonbons

Z u t a t e n: 1 Eiklar Schnee, Zitronenschale, Staubzucker.

Z u b e r e i t u n g: Der feste Schnee von einem Eiklar wird mit fein geriebener Zitronenschale und soviel Zucker vermengt, daß ein knetbarer Teig entsteht. Diesen zu Kugeln oder Brezeln formen und an der Luft trocknen lassen.

Lebzeltsternchen

Z u t a t e n: 8 dkg Fett, 5 dkg Zucker, etwas Zitronensaft und -schale, 1 Eidotter (oder die entsprechende Menge Trockenei), 18 dkg Mehl, etwas Kristallzucker.

Z u b e r e i t u n g: Fett, Zucker, Dotter und Zitronensaft werden schaumig gerührt und das Mehl dazugeknetet. Der Teig wird ausgerollt, zu Sternchen ausgestochen und dieselben mit Eiklar bestrichen und in Kristallzucker gedreht.

Zweifarbige Kränzchen

Z u t a t e n: 20 dkg Mehl, 10 dkg Fett, 9 dkg Zucker, 1 Dotter,
etwas Kakao. Marmelade zum Zusammensetzen.

Z u b e r e i t u n g: Aus den angegebenen Zutaten am Brett einen
Teig kneten und die Hälfte mit etwas Kakao färben. Der Teig wird
dünn ausgerollt und zu Kränzchen ausgestochen. Die fertigen
Kränzchen werden je licht und dunkel mit etwas Marmelade zu-
zammengesetzt.

Schnitten

Z u t a t e n: $^{1}/_{4}$ kg Mehl, 10 dkg Zucker, 1 Ei, $^{1}/_{2}$ Backpulver,
5 dkg Fett, etwas Milch, Nüsse oder geröstete Haferflocken zum
Bestreuen, Marmelade zum Füllen.

Z u b e r e i t u n g: Zucker, Fett und Dotter werden schaumig abgetrieben, nach und nach das mit Backpulver versiebte Mehl und
etwas Milch dazugegeben, sodaß ein nicht allzu fester Teig entsteht. Dieser wird bleistiftstark ausgerollt, auf ein befettetes, be-
mehltes Blech gegeben und mit Marmelade bestrichen. Aus den
Teigresten wird ein Gitter darübergelegt und geröstete Haferflocken oder geriebene Nüsse daraufgestreut. Nach dem Backen in
Schnitten teilen.

Hausgemachte Schokolade

Z u t a t e n: 12 dkg Fett, 6 dkg Kakao, 6 dkg Zucker, 5 dkg Mehl,
1 Eßlöffel Rum.

Z u b e r e i t u n g: Das zerlassene Fett, Zucker, Kakao, Mehl und
Rum werden vermengt und über Dunst solange geschlagen, bis eine
dicke Masse entsteht. Diese Masse in mit kaltem Wasser ausge-
spülte Formen gießen und erstarren lassen.

Kümmelstangerln

Z u t a t e n: 15 dkg gekochte, passierte Erdäpfel, 15 dkg Mehl,
6 dkg Fett, Salz und Kümmel.

Z u b e r e i t u n g: Aus den gekochten, passierten Erdäpfeln, dem
Salz und Mehl wird ein glatter Teig geknetet. Dieser wird $^{1}/_{2}$ cm

stark ausgerollt, zu Streifen geradelt, mit Ei bestrichen, mit Kümmel bestreut und die Stangerln auf befettetem Blech goldgelb gebacken.

Haferflocken-Fruchtmark

Z u t a t e n: 1 kg Äpfel oder beliebiges anderes Obst, 5 bis 6 Eßlöffel Zucker, 20 dkg Haferflocken.

Z u b e r e i t u n g: Die zerkleinerten Äpfel werden mit der Schale gekocht, passiert und gezuckert. In eine Schüssel schichtet man abwechselnd Haferflocken und Äpfelmark und läßt die Masse ungefähr 3 bis 4 Stunden an einem kühlen Ort stehen.

Ribiselschaum

Z u t a t e n: 1/2 Liter passierte Ribisel, 8 dkg Zucker, 1 Eidotter, 1¹/₂ dkg Mehl, 1 Eiklar.

Z u b e r e i t u n g: Die passierten Ribisel, Mehl, Dotter und Zucker werden über Dunst so lange geschlagen, bis eine dicke Creme entsteht. Nach dem Auskühlen wird der feste Schnee von 1 Eiklar daruntergemengt. Auf diese Art kann auch Himbeer- und Marillenschaum hergestellt werden.

Marmeladen·Kompotte·Fruchtsäfte

MIT WENIG ODER OHNE ZUCKER

Kirschen in Dunst

Die gewaschenen, entstielten Kirschen werden in Gläser eingeschichtet, bis zur Hälfte mit Zuckerlösung angefüllt (auf 1 Liter
Wasser rechnet man ungefähr 12 bis 15 dkg Zucker), luftdicht verschlossen und im Dunst ungefähr 20 bis 30 Minuten, je nach der
Größe der Gläser, gekocht. Erst nach dem Überkühlen die Gläser
herausnehmen.

Kirschen in Dunst ohne Zucker

Die gewaschenen, von den Stengeln befreiten Kirschen, werden
in Gläser dicht eingeschichtet, bis zur Hälfte mit reinem Leitungs-
wasser angefüllt, luftdicht verschlossen und je nach der Größe der
Gläser 20 bis 30 Minuten sterilisiert.

Auf diese Art können auch Weichseln, Marillen, Pfirsiche und
anderes Obst eingekocht werden.

Ribiseln als Kompott

Die gewaschenen und abgetropften Ribiseln werden von den
Stielen befreit, in Gläser gefüllt und etwas Kristallzucker da-
zwischengestreut. Die verschlossenen Gläser werden im Dunst
25 Minuten gekocht und erst nach dem Überkühlen heraus-
genommen.

Ebenso können Hollunderbeeren als Kompott zubereitet werden.

Eingelegte Marillen und Pfirsiche

Man rechnet auf ungefähr 1 kg nicht allzureife Früchte ungefähr 10 bis 12 dkg Zucker und ¼ Liter Wasser. Der Zucker wird
im Wasser aufgekocht, die halbierten, geschälten Früchte hinein-

gegeben und darin aufgekocht. Wir setzen eine Messerspitze Salizyl oder Einsiedehilfe zu, lassen nochmals kurz aufkochen, schichten die Marillen oder Pfirsiche in vorgewärmte Gläser, verschließen luftdicht, wickeln jedes Glas in Zeitungspapier und lassen sie, mit wollenen Tüchern bedeckt, einen Tag lang stehen.

Zwetschkenröster

1¹/₂ kg Zwetschken werden entkernt und am besten in einer irdenen Kasserolle zum Kochen gebracht und solange gekocht, bis alle Früchte durchgekocht erscheinen. Zur Geschmacksverbesserung geben wir etwas Zitronenschale, Nelken oder Zimtrinde bei, gibt den Zucker dazu (man rechnet auf 1 kg Fruchtfleisch 8 bis 12 dkg Zucker) und läßt nochmals aufkochen.

Wird der Zucker aber erst bei Gebrauch zugegeben, so wird der Zwetschkenröster noch heiß in Gläser gefüllt, luftdicht verschlossen und nochmals 20 bis 25 Minuten, je nach der Größe der Gläser, sterilisiert.

Marillenröster kann auf die gleiche Art hergestellt werden.

Birnen in Essig

Auf 5 kg Birnen rechnet man 1 kg Zucker, ¹/₂ Liter guten Essig, ³/₄ Liter Wasser, einige Zitronenscheiben, Nelken und etwas Einsiedehilfe oder Salizyl. Der Zucker wird mit dem Wasser gesponnen, der Essig und die Zitronenscheiben zugegeben, nochmals überkocht, und die geviertelten, geschälten Birnen darin aufgekocht. Zuletzt mengen wir etwas mehr als eine Messerspitze Einsiedehilfe oder Salizyl darunter, füllen die Birnen in vorgewärmte Gläser, gießen den Saft darüber und verbinden luftdicht.

Zwetschken als Kuchenbelag

Die gewaschenen, abgetrockneten Zwetschken werden mit einem Messer halbiert, in Gläser eingeschichtet, ohne Wasserzugabe luftdicht verschlossen und 30 bis 35 Minuten in Dunst gekocht. Diese Zwetschken eignen sich besonders gut als Kuchenbelag und als Fülle für verschiedene Mehlspeisen.

Heidelbeeren in Flaschen ohne Zucker

Die gut ausgesuchten Beeren werden gewaschen und ohne
Wasserzugabe zum Kochen gebracht, kurz gekocht und noch heiß
in vorgewärmte Flaschen gefüllt, sofort luftdicht verschlossen und
in Tücher gut eingepackt auskühlen gelassen. Die Flaschenkorke
mit Wachs oder Siegellack luftdicht machen.

Mischmarmelade aus Hollunder, Zwetschken und Äpfeln

Die gleiche Menge von Hollunder, Zwetschken und Äpfeln wird
jede für sich gekocht, passiert und dann miteinander dick eingekocht. Wird der Zucker erst bei Gebrauch zugegeben, so wird die
Marmelade nochmals 25 bis 30 Minuten in Dunst gekocht.

Ribiselgelee

Die gewaschenen, von den Stengeln befreiten Ribiseln werden
roh passiert. Auf 1 Liter Fruchtsaft rechnet man 50 bis 60 dkg
Zucker. Der Saft wird zum Kochen gebracht, der Zucker zugesetzt
und das ganze ungefähr 20 Minuten auf großem Feuer gekocht.
Wir füllen das Gelee in saubere, vorgewärmte Gläser, geben obenauf Einsiedehilfe und verbinden sie nach dem Überkühlen mit Einsiedehaut.

Apfelmarmelade ohne Zucker

Die gewaschenen Äpfel werden mitsamt der Schale mit nicht zu
viel Wasser gekocht, passiert und unter ständigem Rühren ein-
gedickt. Nun gibt man auf ungefähr 1 kg Frucht 1 g Einsiedehilfe
oder Salizyl, füllt die Marmelade in Gläser, die, gut verschlossen,
nochmals 25 bis 30 Minuten, je nach der Größe der Gläser, im
Dunst gekocht werden.

Mischmarmelade aus Äpfeln und Karotten

Auf 1 kg Falläpfel rechnet man 20 bis 25 dkg Karotten. Äpfel
und Karotten werden nach dem Waschen mit ganz wenig Wasser
weichgekocht, passiert und miteinander dicklich eingekocht. Nun
geben wir den Zucker zu (auf 1 kg ungefähr 20 bis 25 dkg), lassen
nochmals gut aufkochen, füllen die Marmelade noch heiß in Gläser,

geben obenauf etwas Einsiedehilfe und verbinden nach dem Überkühlen mit Einsiedehaut.

Wird kein Zucker beigegeben, so muß die Marmelade nochmals,
nachdem die Gläser luftdicht verschlossen wurden, in Dunst gekocht werden.

Mischmarmelade aus Zwetschken und Kürbis

Zu 1 kg Zwetschken mischen wir ungefähr 20 dkg Kürbis. Die
entkernten Zwetschken und der Kürbis werden faschiert und miteinander solange gekocht, bis die Marmelade dicklich ist. Zur Geschmacksverbesserung geben wir etwas Zitronenschale und Gewürz-
nelken bei. Nun gibt man den Zucker (1 kg Frucht = 20 dkg
Zucker) zu, läßt nochmals gut aufkochen, füllt die Marmelade noch
heiß in Gläser, bestreut obenauf mit etwas Einsiedehilfe und ver-
bindet die Gläser mit Einsiedehaut.

Hollundermarmelade mit Äpfeln

Die gleiche Menge von Hollunderbeeren und Äpfeln samt der
Schale werden gekocht, passiert und sehr dick eingekocht. Man
füllt sie kochend in vorgewärmte Gläser, gibt obenauf etwas Einsiedehilfe, verschließt die Gläser luftdicht und läßt sie, in wollene
Tücher gehüllt, auskühlen.

Zwetschkensulze

5 kg gewaschene, faschierte Zwetschken werden mit 1 kg Zucker
ungefähr 25 bis 30 Minuten auf sehr starkem Feuer gekocht, noch
heiß in Gläser gefüllt, gut verbunden und, in Tücher eingewickelt,
langsam auskühlen gelassen.

Brombeersaft

Die gut ausgereiften und gewaschenen Früchte werden ohne
Wasserzusatz erhitzt, damit sich genügend Saft bildet. Dieser wird
durch ein Tuch geseiht, in saubere Flaschen gefüllt, die Flaschen
werden gut verschlossen und je nach der Größe derselben 20 bis
30 Minuten sterilisiert.

Das Brombeerfleisch kann zur Marmeladebereitung Verwendung
finden.

Auf diese Art kann auch Himbeer- und Hollundersaft zubereitet
werden.

Apfelsaft ohne Zuckerbeigabe

Die gewaschenen Äpfel werden gepreßt, der reine Saft in
Flaschen gefüllt, luftdicht verschlossen und ungefähr 20 bis
25 Minuten sterilisiert. Nachdem sich der Apfelsaft gesetzt hat,
was in ungefähr 8 bis 10 Tagen der Fall ist, werden die Flaschen
geöffnet, der Saft vorsichtig abgeseiht, in saubere Flaschen umge-
füllt und dieselben nochmals 25 Minuten sterilisiert. Die Korke
mit Wachs oder Siegellack luftdicht verschließen. Kühl aufbewahren.

Zuckerrübensirup

Die von der Erde gereinigten und gründlich gewaschenen
Zuckerrüben werden fein gerissen und mit ganz wenig Wasserzusatz weichgekocht. Das Wasser wird abgegossen, die Rüben ganz
leicht ausgedrückt und die so gewonnene Flüssigkeit unter ständigem Rühren solange gekocht, bis sie zähflüssig wie Honig ist.
Der Sirup wird in Marmeladegläser gefüllt und verbunden. Sirup
eignet sich besonders zur Herstellung von verschiedenen Mehlspeisen und als Honigersatz.

INHALTSVERZEICHNIS